CARGO

Michel Schetter

1

L'ECUME DE SURABAYA

EDITIONS Glénat

OOOO...
ENS ICI, VERSAILLES...!
J'AI UNE IDÉE...

APPROCHE ...
... UN COUP DE GRIFFE ...
AÏIIIII !
... ET HOP ...
?! M... MON... MONSIEUR MAC LEOD... !... LES REQUINS ?!!!...
OUI, LES REQUINS ! TON SANG VA LES ATTIRER ET JE POURRAI EN TUER ! MAIS NE BOUGE PAS COMME ÇA, TU TROUBLES L'EAU ET JE NE LES VERRAI PAS !
VOUS EXAGÉREZ DANS LA BRUTALITÉ, CAMPBELL... ! VERSAILLES ÉTAIT GENTIL ...
AI... AIDEZ-MOI !!!...

D'ACCORD !...
JE VAIS
T'AIDER !!...
?! NON !!!...
PAW
PAW

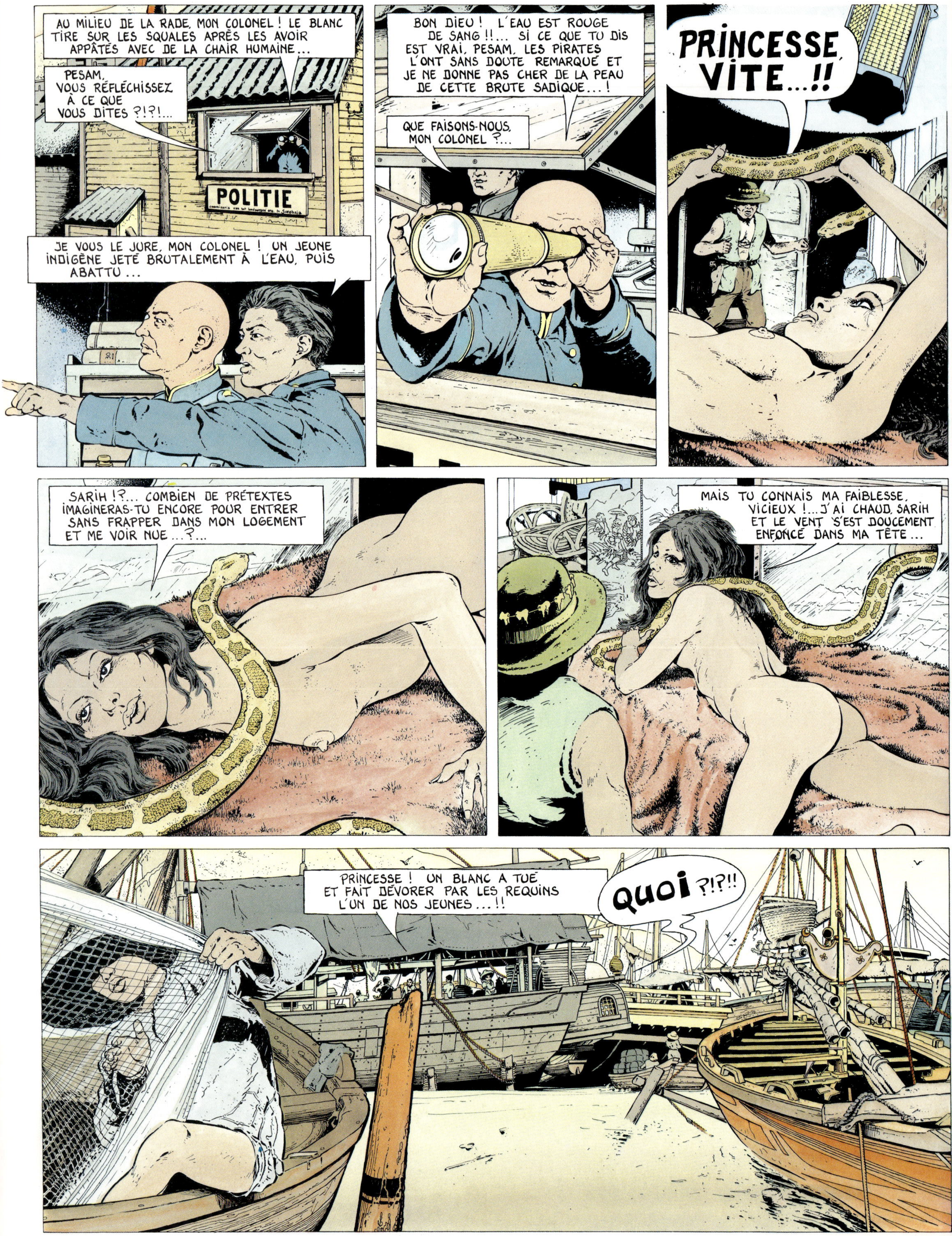
AU MILIEU DE LA RADE, MON COLONEL ! LE BLANC TIRE SUR LES SQUALES APRÈS LES AVOIR APPÂTÉS AVEC DE LA CHAIR HUMAINE...
PESAM, VOUS RÉFLÉCHISSEZ À CE QUE VOUS DITES ?!?!...
POLITIE
JE VOUS LE JURE, MON COLONEL ! UN JEUNE INDIGÈNE JETÉ BRUTALEMENT À L'EAU, PUIS ABATTU...
BON DIEU ! L'EAU EST ROUGE DE SANG !!... SI CE QUE TU DIS EST VRAI, PESAM, LES PIRATES L'ONT SANS DOUTE REMARQUÉ ET JE NE DONNE PAS CHER DE LA PEAU DE CETTE BRUTE SADIQUE... !
QUE FAISONS-NOUS, MON COLONEL ?...
PRINCESSE, VITE...!!
SARIH !?... COMBIEN DE PRÉTEXTES IMAGINERAS-TU ENCORE POUR ENTRER SANS FRAPPER DANS MON LOGEMENT ET ME VOIR NUE...?...
MAIS TU CONNAIS MA FAIBLESSE, VICIEUX !... J'AI CHAUD, SARIH ET LE VENT S'EST DOUCEMENT ENFONCÉ DANS MA TÊTE...
PRINCESSE ! UN BLANC A TUÉ ET FAIT DÉVORER PAR LES REQUINS L'UN DE NOS JEUNES... !!
QUOI ?!?!!

HÉ BIEN !... LE COMITÉ D'ACCUEIL EST PLUS DENSE QU'ON NE L'ESPÉRAIT...!
ET TA COTE EN BAISSE, CAMPBELL ! MOI-MÊME, VOIS-TU, JE SUIS À DEMI RASSURÉE...
...MAIS COMME JE NE SUIS NI TA FEMME NI TA MAÎTRESSE, IL N'Y AURA GUÈRE DE RAISONS POUR EMPALER MON VENTRE SUR UN DE LEURS PIEUX SORDIDES...
DÉGAGEZ !!...
OUI, FAITES PLACE !! ALLONS...!!!...
C'EST VOUS LE TUEUR ?!...
E REQUINS, NSIEUR L'OFFICIER ROIS ADULTES...
OUI, LES PETITS ONT EU PLUS DE CHANCE, SI J'OSE DIRE...! JE VOUS ARRÊTE, QUI QUE VOUS SOYEZ !! ET SI LE CODE CIVIL DES INDES NÉERLANDAISES N'ÉTAIT PAS AUSSI CLÉMENT, JE VOUS AURAIS PROMIS LA CORDE...!!
LA CORDE, MON COLONEL ?!?

COMMENT ! CET ÉTRANGER NETTOIE LA BAIE DE CES DANGEREUX MANGEURS D'HOMMES ET VOUS VOULEZ LE JETER EN PRISON ?...
OUI, C'EST À DIRE QU'IL Y A AUSSI...
...LA DIPLOMATIE DES SITUATIONS !... J'EN CONVIENS... MAIS NE VALAIT-IL PAS MIEUX SACRIFIER SUR L'AUTEL DE LA VIE UN GARÇON... SIMPLE D'ESPRIT POUR ÉVITER AINSI QUE D'AUTRES, PLUS NOMBREUX, PLUS APTES, NE PERDENT LE SENS DU SOLEIL ET DES ÉTOILES...
ÉTRANGER, JE TE SALUE...
PRINCESSE DE LUNE, MA MAÎTRESSE, A ÉTÉ FORT IMPRESSIONNÉE PAR TON GESTE. ELLE SE PLAÎT À DISCERNER CHEZ LES HOMMES LE VRAI ESPRIT DE DÉCISION...
...AUSSI, ELLE SOUHAITERAIT QUE, TOI ET TA COMPAGNE, VOUS PARTAGIEZ SON REPAS...
C'EST QUE...
OUI, C'EST QUE JE NE SUIS EN AUCUNE FAÇON LA COMPAGNE DE "L'ÉTRANGER DÉCIDÉ", L'AMI ! ET PUIS, NOUS SOMMES EN PROBLÈMES AVEC L'OFFICIER ET GUÈRE PRÉSENTABLES...
OH ! PRINCESSE DE LUNE NE S'ATTARDE GUÈRE AUX DÉTAILS VESTIMENTAIRES ET VOUS ASSURERA SANS NUL DOUTE LE MEILLEUR DES PASSEPORTS POUR CE QUI CONCERNE SURABAYA, N'EST-CE PAS, MON COLONEL ?!...
MA FOI...

POUR TOUT VOUS AVOUER, PRINCESSE DE LUNE N'AIME PAS INVITER DES ÉTRANGERS À SA TABLE LORSQUE CEUX-CI SE SONT RENDUS COUPABLES D'UN MEURTRE SUR UN ENFANT DE SA RACE... ! MAIS LE MOUTON RÔTI A DÉRIDÉ MA MAÎTRESSE ET LUI DONNE UNE IDÉE...
QUOI ?!? TU VEUX DIRE QUE TOUT CECI N'ÉTAIT QU'UNE MASCARADE SERVANT DE PRÉAMBULE À NOTRE... PERSÉCUTION?!?
PERSÉCUTION EST UN MOT DE VOTRE RELIGION QUE JE CROIS COMPRENDRE... LES MOYENS DE PRINCESSE DE LUNE SONT PLUS RAFFINÉS MAIS JE M'APPRÊTAIS À VOUS DIRE QUE LE REPAS LUI PLAISAIT ET QU'ELLE SOUHAITAIT VOUS DONNER UNE CHANCE...
CHANCE QUE TU NE DONNES POINT DANS L'ACTION, ÉTRANGER !... PRÉFÈRES-TU INTERROMPRE MON LIEUTENANT ET EXPOSER TON CORPS NU À LA VORACITÉ DES REQUINS OU L'ÉCOUTER ET SATISFAIRE À UNE VIE ENCORE LONGUE ET AVENTUREUSE...
PARLONS-EN... !?

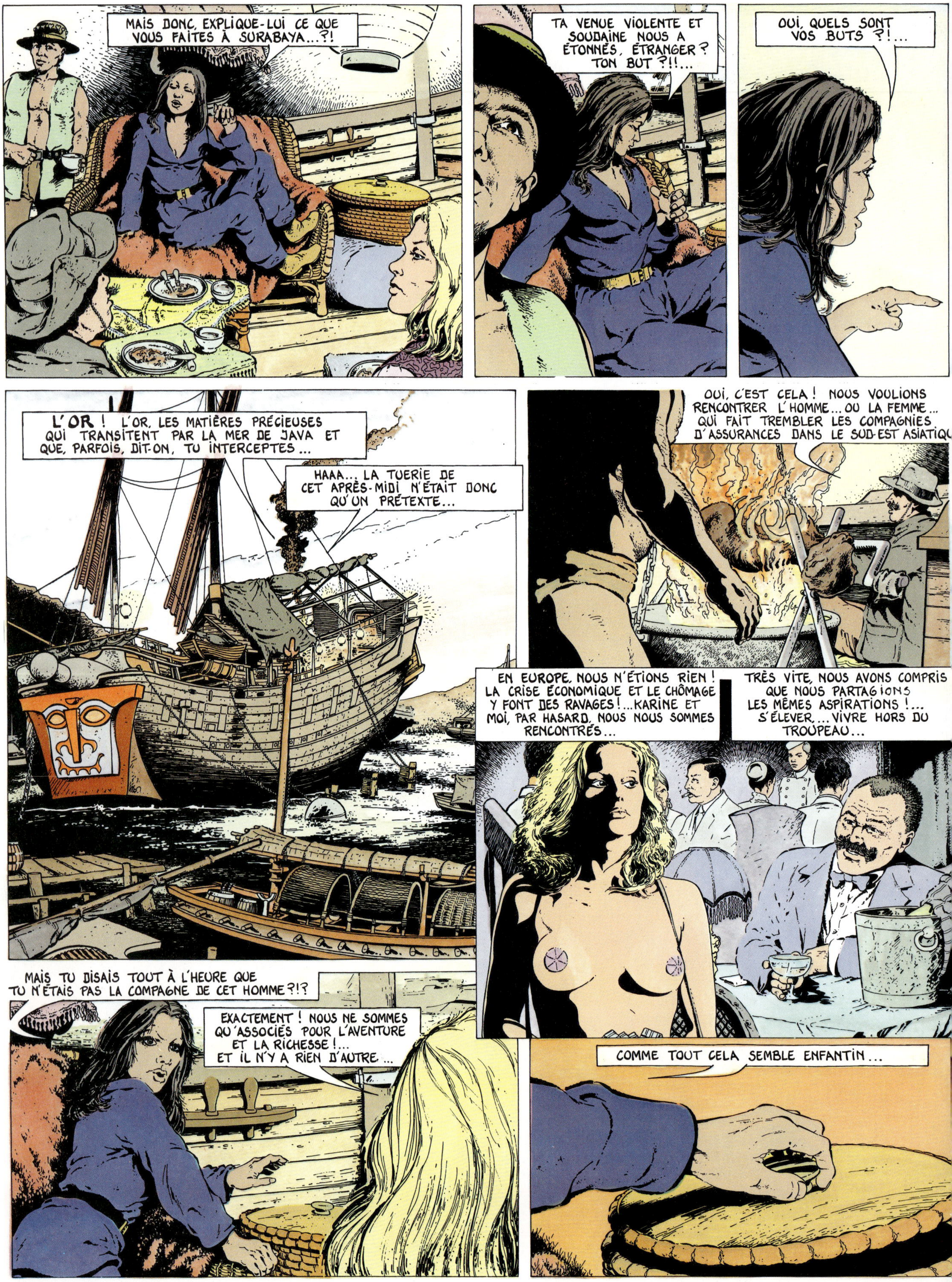
MAIS DONC, EXPLIQUE-LUI CE QUE VOUS FAITES À SURABAYA...?!
TA VENUE VIOLENTE ET SOUDAINE NOUS A ÉTONNÉS, ÉTRANGER? TON BUT ?!!...
OUI, QUELS SONT VOS BUTS ?!...
L'OR ! L'OR, LES MATIÈRES PRÉCIEUSES QUI TRANSITENT PAR LA MER DE JAVA ET QUE, PARFOIS, DIT-ON, TU INTERCEPTES...
HAAA... LA TUERIE DE CET APRÈS-MIDI N'ÉTAIT DONC QU'UN PRÉTEXTE...
OUI, C'EST CELA ! NOUS VOULIONS RENCONTRER L'HOMME... OU LA FEMME... QUI FAIT TREMBLER LES COMPAGNIES D'ASSURANCES DANS LE SUD-EST ASIATIQU
EN EUROPE, NOUS N'ÉTIONS RIEN ! LA CRISE ÉCONOMIQUE ET LE CHÔMAGE Y FONT DES RAVAGES !... KARINE ET MOI, PAR HASARD, NOUS NOUS SOMMES RENCONTRÉS...
TRÈS VITE, NOUS AVONS COMPRIS QUE NOUS PARTAGIONS LES MÊMES ASPIRATIONS !... S'ÉLEVER... VIVRE HORS DU TROUPEAU...
MAIS TU DISAIS TOUT À L'HEURE QUE TU N'ÉTAIS PAS LA COMPAGNE DE CET HOMME ?!?
EXACTEMENT ! NOUS NE SOMMES QU'ASSOCIÉS POUR L'AVENTURE ET LA RICHESSE !... ET IL N'Y A RIEN D'AUTRE...
COMME TOUT CELA SEMBLE ENFANTIN...

... PRÊTERAIT MÊME À SOURIRE ET JE SERAIS TENTÉE DE VOUS IGNORER...
MAIS, VOUS AVEZ TUÉ UN ENFANT DE MA RACE !!...
ET C'EST LÀ QUE S'ARRÊTE LA FRONTIÈRE ENTRE LE CONTE DE FÉES ET LA RÉALITÉ DE SURABAYA ...!!...
CELA DIT, OUI..., LE MOUTON RÔTI ÉTAIT BON...
COMME TOI, MON GRAND ! VIENS,... LA FRAÎCHEUR DE LA NUIT TE DÉPLAÎT ET JE SENS QUE TU AS HÂTE DE RENTRER...
SARIH ! OCCUPE-TOI DE CES GENS ! APRÈS "L'ÉPREUVE" SI TOUS LES MORCEAUX DE LEUR CHAIR SONT ENCORE PRÉSENTS, NOUS STATUERONS...
TORAH !... SAJ !!... SAISISSEZ-LES !!!...

ILS VONT LEUR FAIRE PASSER L'ÉPREUVE ! ...C'EST BON SIGNE !... VENEZ !!!...
"ILS" VOUS EN VOUDRONT, MON...!?
TSS... PAS DE NOM ICI ! LE MARCHÉ NOCTURNE S'ÉCLAIRE DE MILLE FACETTES LORSQUE LES LÈVRES D'UN IMPRUDENT S'ENTROUVRENT...
BOUGE PAS !!...

...'AI FROID...
TOC TOC
...SARIH ?!... NON, N'ENTRE PAS!! ...
OU ALORS, AU FOND DU COULOIR...!
CLAC
JE T'ÉCOUTE...
LA MER EST ASSEZ FROIDE, PRINCESSE... AU-DELÀ D'UN CERTAIN TEMPS...
...SARIH, CONNAIS-TU NAPOLÉON ?!
...EMPEREUR DE FRANCE, MAÎTRE TACTICIEN !... MAIS IL APPLIQUAIT TOUJOURS LA MÊME STRATÉGIE...!! RÉSISTANCE AU CENTRE ET ATTAQUE PAR LES AILES...

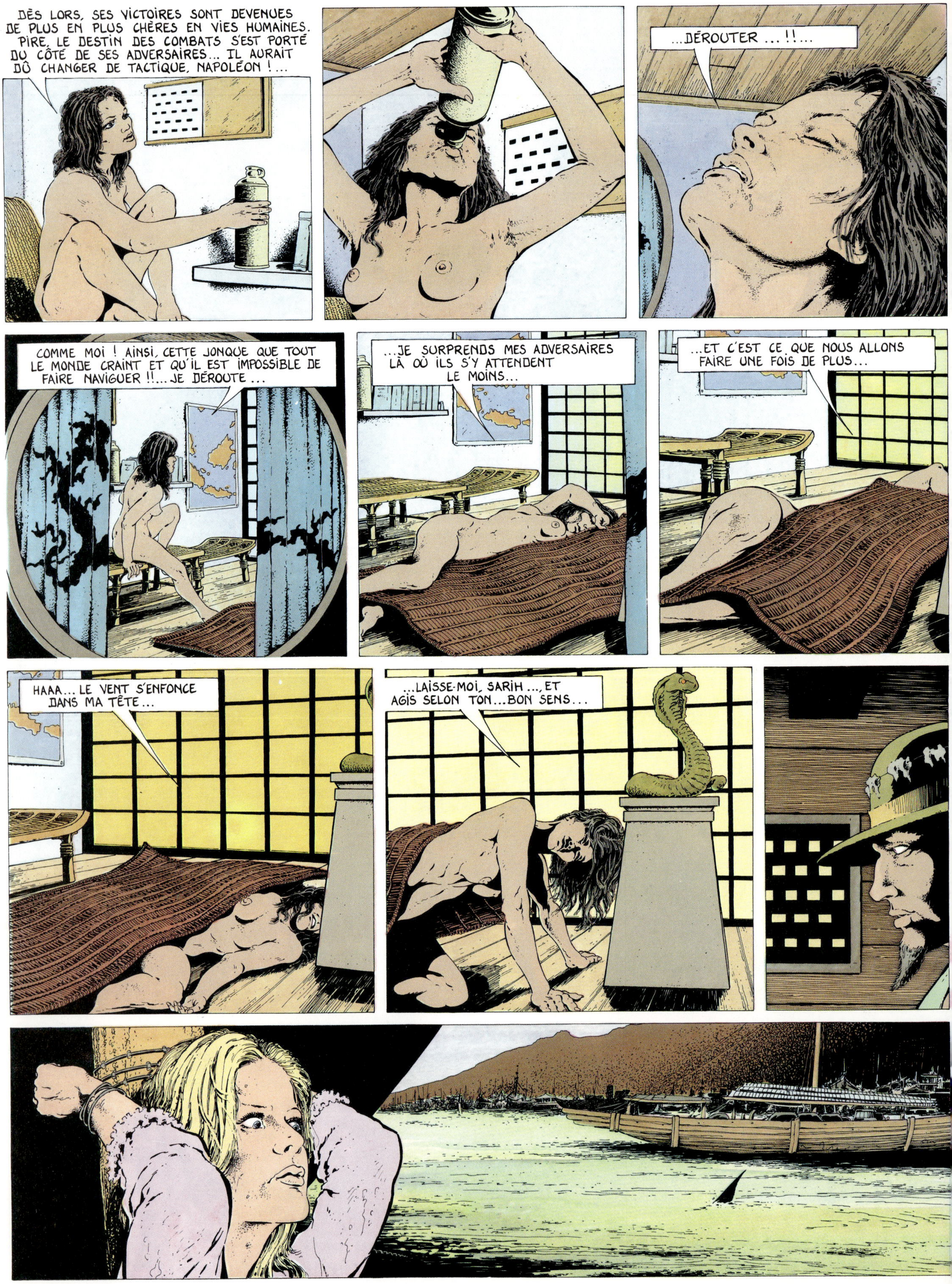
DÈS LORS, SES VICTOIRES SONT DEVENUES DE PLUS EN PLUS CHÈRES EN VIES HUMAINES. PIRE, LE DESTIN DES COMBATS S'EST PORTÉ DU CÔTÉ DE SES ADVERSAIRES... IL AURAIT DÛ CHANGER DE TACTIQUE, NAPOLÉON !...
...DÉROUTER ... !!...
COMME MOI ! AINSI, CETTE JONQUE QUE TOUT LE MONDE CRAINT ET QU'IL EST IMPOSSIBLE DE FAIRE NAVIGUER !!... JE DÉROUTE ...
...JE SURPRENDS MES ADVERSAIRES LÀ OÙ ILS S'Y ATTENDENT LE MOINS...
...ET C'EST CE QUE NOUS ALLONS FAIRE UNE FOIS DE PLUS...
HAAA... LE VENT S'ENFONCE DANS MA TÊTE...
...LAISSE-MOI, SARIH ..., ET AGIS SELON TON... BON SENS...

NON !!
TAIS-TOI !!... TU JOUES LEUR JEU...!
M'EN FICHE ! ÇA VA TROP LOIN !! ... J'VEUX VIVRE !!!...
?AAAHH...

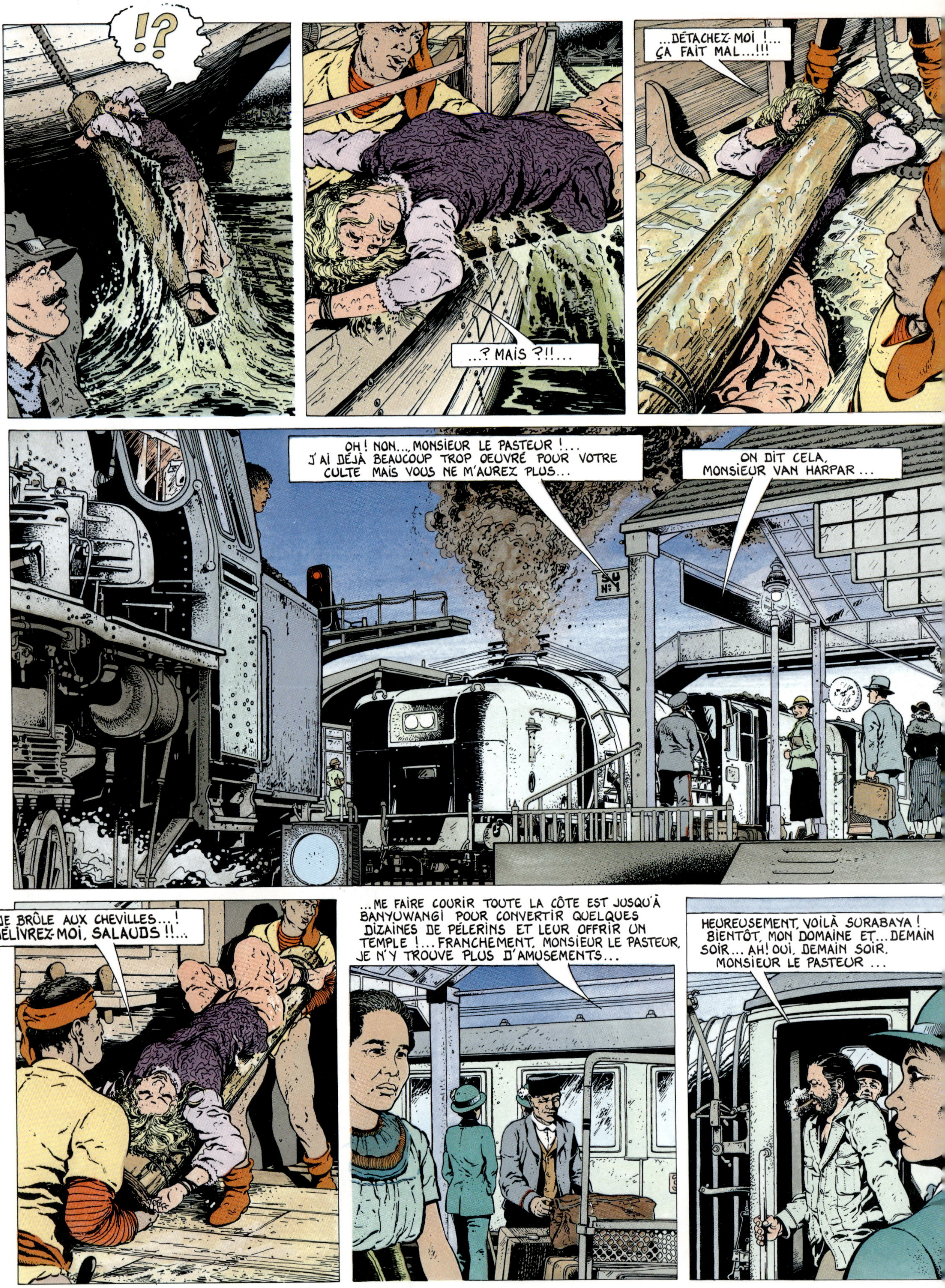
!?
...? MAIS ?!!...
...DÉTACHEZ-MOI !... ÇA FAIT MAL...!!!
OH ! NON..., MONSIEUR LE PASTEUR !... J'AI DÉJÀ BEAUCOUP TROP OEUVRÉ POUR VOTRE CULTE MAIS VOUS NE M'AUREZ PLUS...
ON DIT CELA, MONSIEUR VAN HARPAR...
JE BRÛLE AUX CHEVILLES...! DÉLIVREZ-MOI, SALAUDS !!...
...ME FAIRE COURIR TOUTE LA CÔTE EST JUSQU'À BANYUWANGI POUR CONVERTIR QUELQUES DIZAINES DE PÉLERINS ET LEUR OFFRIR UN TEMPLE !... FRANCHEMENT, MONSIEUR LE PASTEUR, JE N'Y TROUVE PLUS D'AMUSEMENTS...
HEUREUSEMENT, VOILÀ SURABAYA ! BIENTÔT, MON DOMAINE ET... DEMAIN SOIR... AH ! OUI, DEMAIN SOIR, MONSIEUR LE PASTEUR...

"NOUS" FAISONS LA FÊTE ! CAR J'EXIGE QUE VOUS SOYIEZ LÀ !... À MON TOUR DE VOUS IMPOSER MA CORVÉE...
VOUS FATIGUEREZ DAVANTAGE VOTRE ORGANISME QUI A BIEN BESOIN DE REPOS...
LE VRAI REPOS, C'EST SONGER À ME PRÉSERVER DES QUELQUES CANNIBALES PERDUS DANS LES COINS ISOLÉS OÙ ON ACCUMULE LES RELIGIONS COMME MOI JE COLLECTIONNE LES FEMMES...!...
AH !... LES FEMMES, PASTEUR...
SUJET INSONDABLE !... OUI, JE SAIS...
SURABAYA
MAGDA ! VOUS EFFECTUEREZ UN LÉGER DÉTOUR PAR LE QUARTIER CHAUD ! NOTRE QUARTIER, HEIN !...
LE QUARTIER CHAUD ?!! SEIGNEUR JÉSUS...
JÉSUS ET VOUS ?! BAH ! VOUS TIREREZ LE RIDEAU POUR NE RIEN VOIR...!

RHEÛ RHEÛ
N'INSISTEZ PAS SUR LE KLAXON, MAGDA...!
CE SONT DES BLANCS QU'ON LAPIDAIT...?!!?
OUI, ET JE N'AIME GUÈRE CELA ! ON NE S'OCCUPE QUE DE SEXE E DE DROGUE DANS CE QUARTIER PAS DE POLITIQUE...
MONSIEUR VEUT-IL QUE JE PARTE AUX NOUVELLES
NON ! RESTONS GROUPÉS ET AVANÇONS PATIEMMEN L'UN DES NÔTRES NOU RENSEIGNERA BIENTÔT
REGARDEZ AU CENTRE DE L'ATTROUPEMENT !? UNE TOUR FUNÉRAIRE !!... UN MORT POURRAIT-IL PROVOQUER CETTE AGITATION ?...

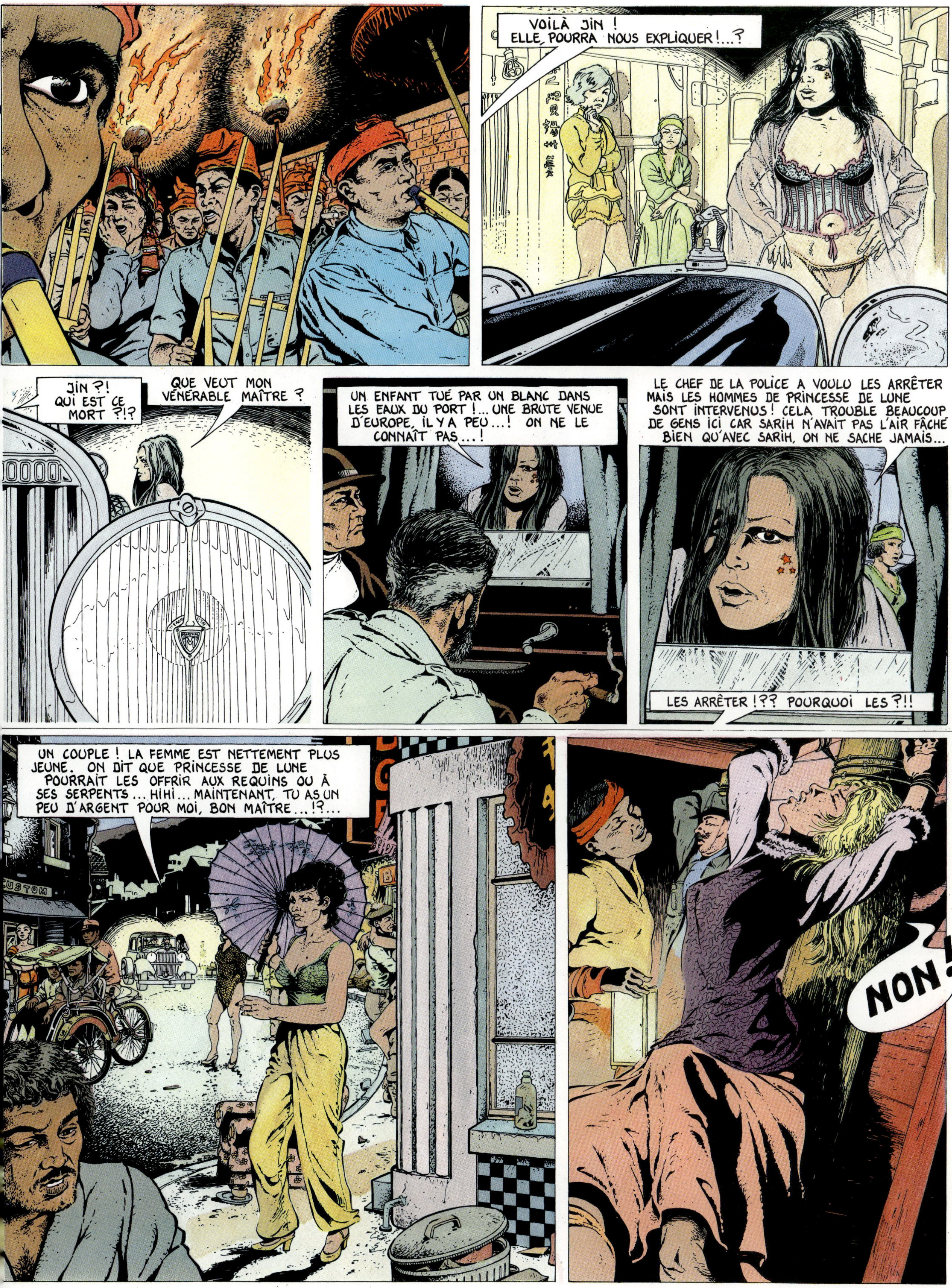
VOILÀ JIN ! ELLE POURRA NOUS EXPLIQUER !...?
JIN ?! QUI EST CE MORT ?!?
QUE VEUT MON VÉNÉRABLE MAÎTRE ?
UN ENFANT TUÉ PAR UN BLANC DANS LES EAUX DU PORT !... UNE BRUTE VENUE D'EUROPE, IL Y A PEU...! ON NE LE CONNAÎT PAS...!
LE CHEF DE LA POLICE A VOULU LES ARRÊTER MAIS LES HOMMES DE PRINCESSE DE LUNE SONT INTERVENUS ! CELA TROUBLE BEAUCOUP DE GENS ICI CAR SARIH N'AVAIT PAS L'AIR FÂCHÉ ! BIEN QU'AVEC SARIH, ON NE SACHE JAMAIS...
LES ARRÊTER !?? POURQUOI LES ?!!
UN COUPLE ! LA FEMME EST NETTEMENT PLUS JEUNE. ON DIT QUE PRINCESSE DE LUNE POURRAIT LES OFFRIR AUX REQUINS OU À SES SERPENTS... HIHI... MAINTENANT, TU AS UN PEU D'ARGENT POUR MOI, BON MAÎTRE...!?...
CUSTOM
NON !!

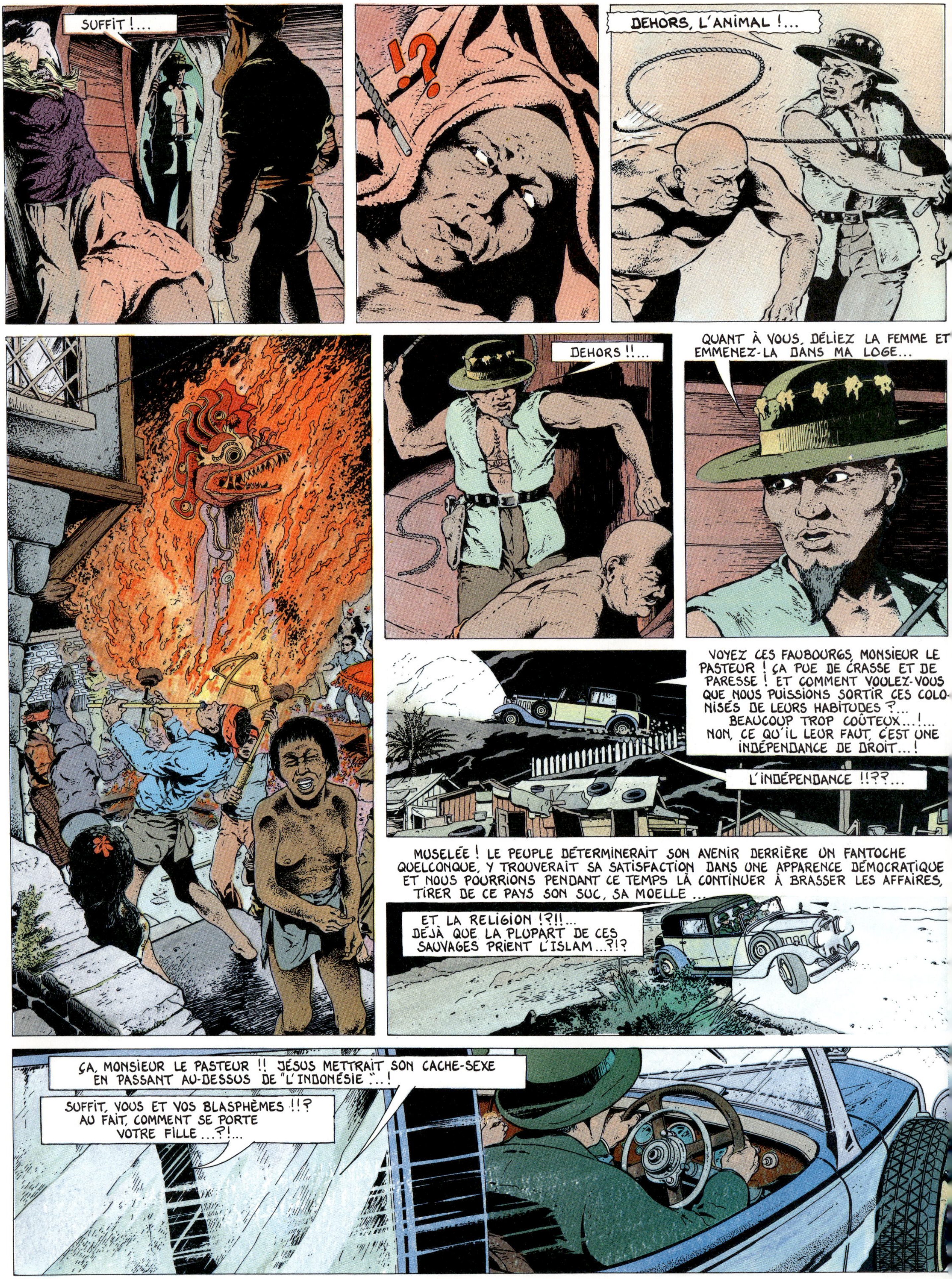
SUFFIT !...
!?
DEHORS, L'ANIMAL !...
DEHORS !!...
QUANT À VOUS, DÉLIEZ LA FEMME ET EMMENEZ-LA DANS MA LOGE...
VOYEZ CES FAUBOURGS, MONSIEUR LE PASTEUR ! ÇA PUE DE CRASSE ET DE PARESSE ! ET COMMENT VOULEZ-VOUS QUE NOUS PUISSIONS SORTIR CES COLONISÉS DE LEURS HABITUDES ?... BEAUCOUP TROP COÛTEUX...!... NON, CE QU'IL LEUR FAUT, C'EST UNE INDÉPENDANCE DE DROIT...!
L'INDÉPENDANCE !!??...
MUSELÉE ! LE PEUPLE DÉTERMINERAIT SON AVENIR DERRIÈRE UN FANTOCHE QUELCONQUE, Y TROUVERAIT SA SATISFACTION DANS UNE APPARENCE DÉMOCRATIQUE ET NOUS POURRIONS PENDANT CE TEMPS LÀ CONTINUER À BRASSER LES AFFAIRES, TIRER DE CE PAYS SON SUC, SA MOELLE...
ET LA RELIGION !?!!...
DÉJÀ QUE LA PLUPART DE CES SAUVAGES PRIENT L'ISLAM...?!?
ÇA, MONSIEUR LE PASTEUR !! JÉSUS METTRAIT SON CACHE-SEXE EN PASSANT AU-DESSUS DE "L'INDONÉSIE"...!
SUFFIT, VOUS ET VOS BLASPHÈMES !!? AU FAIT, COMMENT SE PORTE VOTRE FILLE...?!...

LES BATAVES PEUVENT NOUS AFFAMER AVEC DES TAXES EXCESSIVES MAIS AUJOURD'HUI, ILS VEULENT NOUS DÉTRUIRE AVEC DES MERCENAIRES QUI TUENT NOS ENFANTS !... ÇA SUFFIT...!!!
OUI !
OUI !!...
MORT À EUX !!
SUS AUX BATAVES ET AUX IMPÔTS...!!...
CLING
KLANG
RHEÛ
TONNERRE !!? C'EST UNE ÉMEUTE !...
STOPPEZ PESAM !!... INUTILE DE LES EXCITER DAVANTAGE...
POLITIE
NOTRE COUP D'AVERTISSEUR LES A EFFRAYÉS ET ILS IRONT CUVER LEUR RESTE DE NUIT DANS LEURS LITS AVEC LEURS FEMMES...

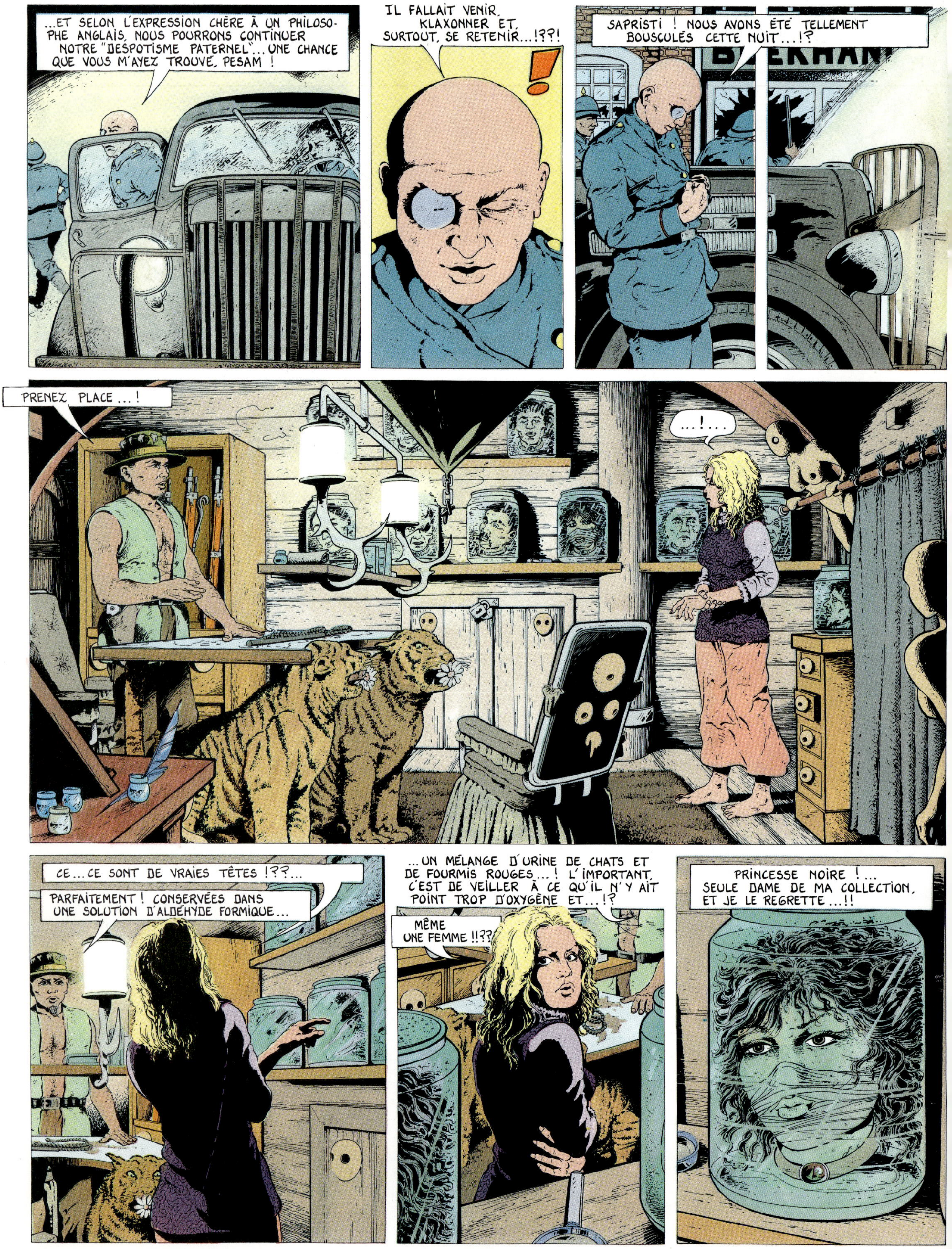
...ET SELON L'EXPRESSION CHÈRE À UN PHILOSO-PHE ANGLAIS, NOUS POURRONS CONTINUER NOTRE "DESPOTISME PATERNEL"... UNE CHANCE QUE VOUS M'AYEZ TROUVÉ, PESAM !
IL FALLAIT VENIR, KLAXONNER ET, SURTOUT, SE RETENIR...!??!
!
SAPRISTI ! NOUS AVONS ÉTÉ TELLEMENT BOUSCULÉS CETTE NUIT...!?
PRENEZ PLACE ...!
...!...
CE... CE SONT DE VRAIES TÊTES !??...
PARFAITEMENT ! CONSERVÉES DANS UNE SOLUTION D'ALDÉHYDE FORMIQUE...
...UN MÉLANGE D'URINE DE CHATS ET DE FOURMIS ROUGES...! L'IMPORTANT, C'EST DE VEILLER À CE QU'IL N'Y AIT POINT TROP D'OXYGÈNE ET...!?
MÊME UNE FEMME !!??
PRINCESSE NOIRE !... SEULE DAME DE MA COLLECTION, ET JE LE REGRETTE...!!

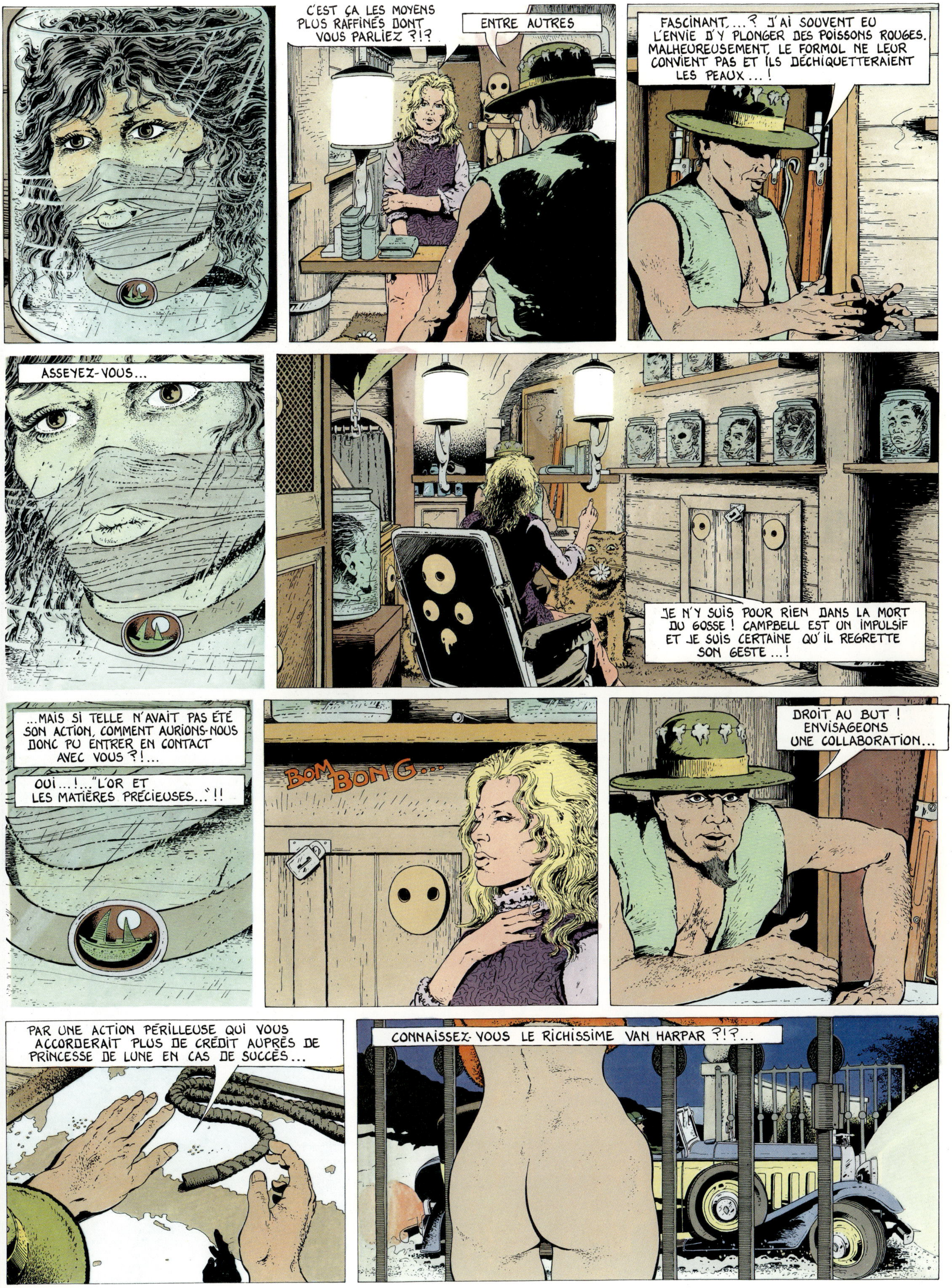
C'EST ÇA LES MOYENS PLUS RAFFINÉS DONT VOUS PARLIEZ ?!?
ENTRE AUTRES
FASCINANT... ? J'AI SOUVENT EU L'ENVIE D'Y PLONGER DES POISSONS ROUGES. MALHEUREUSEMENT, LE FORMOL NE LEUR CONVIENT PAS ET ILS DÉCHIQUETTERAIENT LES PEAUX... !
ASSEYEZ-VOUS...
JE N'Y SUIS POUR RIEN DANS LA MORT DU GOSSE ! CAMPBELL EST UN IMPULSIF ET JE SUIS CERTAINE QU'IL REGRETTE SON GESTE... !
...MAIS SI TELLE N'AVAIT PAS ÉTÉ SON ACTION, COMMENT AURIONS-NOUS DONC PU ENTRER EN CONTACT AVEC VOUS ?!...
OUI...!..."L'OR ET LES MATIÈRES PRÉCIEUSES..."!!
BOM BONG...
DROIT AU BUT ! ENVISAGEONS UNE COLLABORATION...
PAR UNE ACTION PÉRILLEUSE QUI VOUS ACCORDERAIT PLUS DE CRÉDIT AUPRÈS DE PRINCESSE DE LUNE EN CAS DE SUCCÈS...
CONNAISSEZ-VOUS LE RICHISSIME VAN HARPAR ?!?...

PERSONNAGE CAPITAL DANS NOS PRÉOCCUPATIONS ! SOUS DES DEHORS DE GRANDE RESPECTABILITÉ, CE VAN HARPAR A LE SENS DES AFFAIRES D'OMBRE, BRASSANT LES MILLIONS GRÂCE AU JEU DE L'OPIUM, DU SEXE ET DES TRAFICS DE MARCHANDISES...
...A JAVA ET AILLEURS !! ON DIT AUSSI QU'IL AMBITIONNE UN POSTE DE GOUVERNEUR, CE QUI LÉGALISERAIT SES FRUCTUEUSES COMBINES TOUT EN DÉGRAISSANT LA CONCURRENCE !...
H-100
POUR GÉRER ET FAIRE RESPECTER CETTE "PETITE RÉPUBLIQUE", L'HOMME S'EST ENTOURÉ D'UNE GARNISON PERSONNELLE, ORIGINALE PUISQU'ELLE N'EST CONSTITUÉE QUE D'AMAZONES QU'IL RECRUTE AUTANT POUR LEUR BEAUTÉ QUE POUR LEUR AGRESSIVITÉ...!
SI BIEN, QUE CES DAMES NOUS ONT BRISÉ DEUX DE NOS TENTATIVES POUR S'EMPARER DE SON DOMAINE...! CAR L'HOMME POSSÈDE UN BIEN INESTIMABLE !!... UN OBJET, UN PLAN QUI PROCURERAIT À SON POSSESSEUR UNE PUISSANCE ET UN PRESTIGE INSOUPÇONNABLE...
...PAR JEU, OU POUR D'OBSCURES RAISONS, VAN HARPAR N'USE PAS DE SON TRÉSOR. ET IL L'A ENFERMÉ, OCCULTÉ...
...AU COEUR MÊME DE SA "FORTERESSE", À L'INTÉRIEUR D'UN COFFRE DE BOX-CALF...

QUOI ?! VOUS VOUDRIEZ M'ENVOYER DANS CETTE FORTERESSE POUR LUI VOLER CE COFFRE !?!!!
DE MANIÈRE NUANCÉE... JE VOUS AI DIT QUE VAN HARPAR AIME LES FEMMES. LES EUROPÉENNES SONT RARES ICI ET L'EXOTISME SE RENVERSANT, VOUS SERIEZ LE MEILLEUR DES BÉLIERS POUR PÉNÉTRER AU COEUR DE SON DOMAINE ...
...ET QUAND JE DIS LE COEUR, JE TÂCHE À ME FAIRE BIEN COMPRENDRE ...
VOUS VOULEZ QUE JE DEVIENNE SA MAÎTRESSE ...?!?
ATTENTION, L'ANIMAL SERA VITE SÉDUIT MAIS L'HOMME EST MALIN ET VICIEUX ...
A SUPPOSER QU'IL ME REMARQUE ... !?! ET COMMENT ?!!!...
L'APPÂT DE LA FEMME EST COMME LA ROSE DANS UNE ROSERAIE... SI ELLE N'EXHALE PAS SON PARFUM, L'INSECTE NE SE HÂTERA PAS POUR LA SÉDUIRE ... ET LÀ, JE VOUS FAIS CONFIANCE ...

VIENS...
...L'EAU EST BONNE POUR PRINCESSE DE LUNE ! ELLE L'EST POUR TOI...
!
?!? C... COMMENT A T-IL PU SE GLISSER LÀ ?!!?

...MES HOMMES VONT VOUS RECONDUIRE À VOTRE HÔTEL ...
...N'OUBLIEZ SURTOUT PAS QUE NOUS SOMMES PARTOUT DANS SURABAYA OÙ DES YEUX ET DES OREILLES ONT ORDRE DE VOUS TUER AU PREMIER SIGNE DE TRAHISON ET...
...QU'Y A-T-IL, TORAH ??!!!?
À MOI !!!...

UN REQUIN !? L'UNE DE CES SALES BÊTES A DÛ FRANCHIR LE FILET DE PROTECTION...!
!
LE FILET ?!...
KRAAK
...NOTRE BAIN..., CE CALVAIRE N'ÉTAIT QU'UNE MASCARADE ! VOUS SAVIEZ QUE NOUS NE RISQUIONS RIEN !!
NE LE REGRETTEZ PAS...
...ET FAITES CE QUE JE VOUS AI COMMANDÉ, FEMME...!
MAIS!?

PFRI..TT...!! U...UNE DENT! CE...CE FOU M'EN A BRISÉ UNE !!!...
AÏE !!...
...VOUS ME FAITES MAL !!!... LE SALAUD...
GARE À SES OS S'IL M'A CASSÉ LA MÂCHOIRE...! JE...
...JE LE TUERAI !! VOUS ENTENDEZ ?!! ...! VOUS? RELEVEZ-MOI AVEC DES NUANCES !...

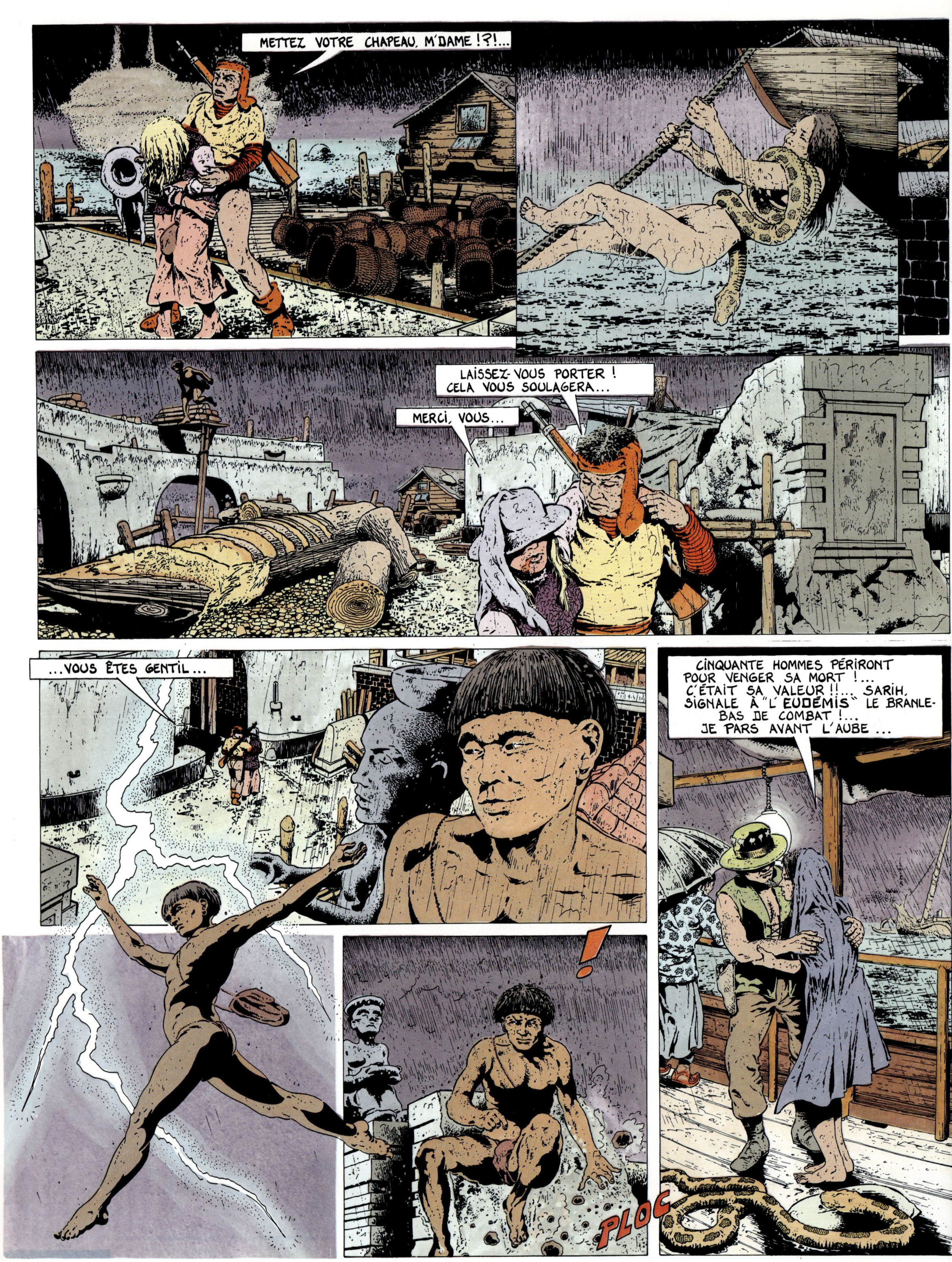
METTEZ VOTRE CHAPEAU, M'DAME !?!...
LAISSEZ-VOUS PORTER ! CELA VOUS SOULAGERA...
MERCI, VOUS...
...VOUS ÊTES GENTIL...
CINQUANTE HOMMES PÉRIRONT POUR VENGER SA MORT !... C'ÉTAIT SA VALEUR !!... SARIH, SIGNALE À "L'EUDÉMIS" LE BRANLE-BAS DE COMBAT !... JE PARS AVANT L'AUBE...
!
PLOC

MAIS ?!... DIVINE PRINCESSE, LE TEMPS NE PRÉDISPOSE PAS À UN DÉPART HÂTIF...
SUFFIT ! LA TÉMÉRITÉ EST LA FILLE DES PASSIONS...
APPELLE L'EUDÉMIS ! JE PARS !! POUR UNE CROISIÈRE DE FEU ET DE SANG QUI NOUS RAPPORTERA DES OTAGES ET DES MARCHANDISES...!
...PRESQUE AUTANT PEUT-ÊTRE QUE NE POURRAIT LE RAPPORTER MA "FILLE" CHÉRIE ! CHOIE-LA ! PROTÈGE-LA AVEC SIX DE MES MEILLEURS HOMMES !... QUANT AU TUEUR D'ENFANT, CE CAMPBELL MAC LEOD, ATTENDS MON RETOUR AVANT DE LE DÉCOUPER...
CE PONT FRANCHI, JE CROIS BIEN QUE...
...OUI, JE RECONNAIS MON HÔTEL ! C'EST LÀ !! MAINTENANT, VOUS POUVEZ ME...!??
PÎÎÎP...

TUE-LE, OSCAR !
DIX !
DES DOLLARS ?!...
DIX DOLLARS SUR OSCAR !
AUTANT...!
CENT ROUPIES SUR BANGWI...!
TENU... !
LAISSEZ-MOI PASSER...
OH !?
OUAIS, C'EST BANGWI !!
OW!!

MES TOURTERELLES !!!...
BANGWI A GAGNÉ ! BRAVO, PETIT !
MES TOURTERELLES, ... MAUDITE !
QUOI ?! VOUS N'AVEZ PAS VU QU'ILS M'ONT BOUSCULÉE ?!!...
... MAUDITE, DAME ! CES TOURTERELLES SONT DES PORTE-BONHEUR POUR LA MAISON ! LES DÉRANGER EST UN MAUVAIS SIGNE ET TU...
ET TU QUOI, PORTIER ?!...
TU... TU DOIS RÉPARER !...
CONJURONS DONC LE SORT...
D'ACCORD !!...
OW !
MAU... MAUDITE...!!!
... ERREUR, MA GRANDE ! TON CRÉDIT DE JEUNE FOFOLLE RANGÉE S'ÉVANOUIT ! ET LES "OBSERVATEURS" S'EMPRESSERONT DE RECTIFIER LA NOTE PSYCHOLOGIQUE À TON ÉGARD...! UN MAUVAIS POINT !...
CLAC !

?
HAN !!...
TCHRAAK
KRRR
!
WILHE
TOMG
ÇA VA ! RIEN QU'UN HÉMATOME SUR LA LÈVRE !...
CE CHIEN DE PIRATE M'A MÉNAGÉE JUSTE ASSEZ POUR PRÉSERVER MA SÉDUCTION FACE À VAN HARPAR, ET, EN MÊME TEMPS, AFFIRMER SA PRÉTENDUE AUTORITÉ...
!? TIENS DONC ?!...

QUI VEUT ENCORE ME CHERCHER DES POUX ?!... CETTE FOIS...
UNE... DEUX...
TROIS !!...?!
LE BEL OISEAU QUE VOILÀ ?!! ...QUI INTERVIENDRAIT EN CAS DE COUP DUR !... BRAVO, J'AI ATTENDU...!
PAS VOUS FÂCHER, MADAME !... NON...
LE CHEF SAVAIT QU'UN FILET VOUS PROTÉGEAIT DES REQUINS ! C'EST POUR CELA QUE NOUS N'AVONS PAS AGI !... REGARDEZ, MADAME...
...JE VOUS AI APPORTÉ CE GÂTEAU...
!?
PARDONNEZ, MADAME ! MAIS LES PIRATES TRICHAIENT ET LE CHEF L'AVAIT DEVINÉ ...IL... IL A DIT AUSSI QUE CE SERAIT PLUS FACILE, MAINTENANT...
OUI, LE VER EST DANS LE FRUIT, HEIN ?!...
GOÛTE D'ABORD POUR VOIR SI T'ES VRAIMENT MON COPAIN, JOLI COEUR !! QUELQUEFOIS QUE LÀ AUSSI UNE MAIN INNOCENTE AURAIT TRAFIQUÉ LES ACCESSOIRES...

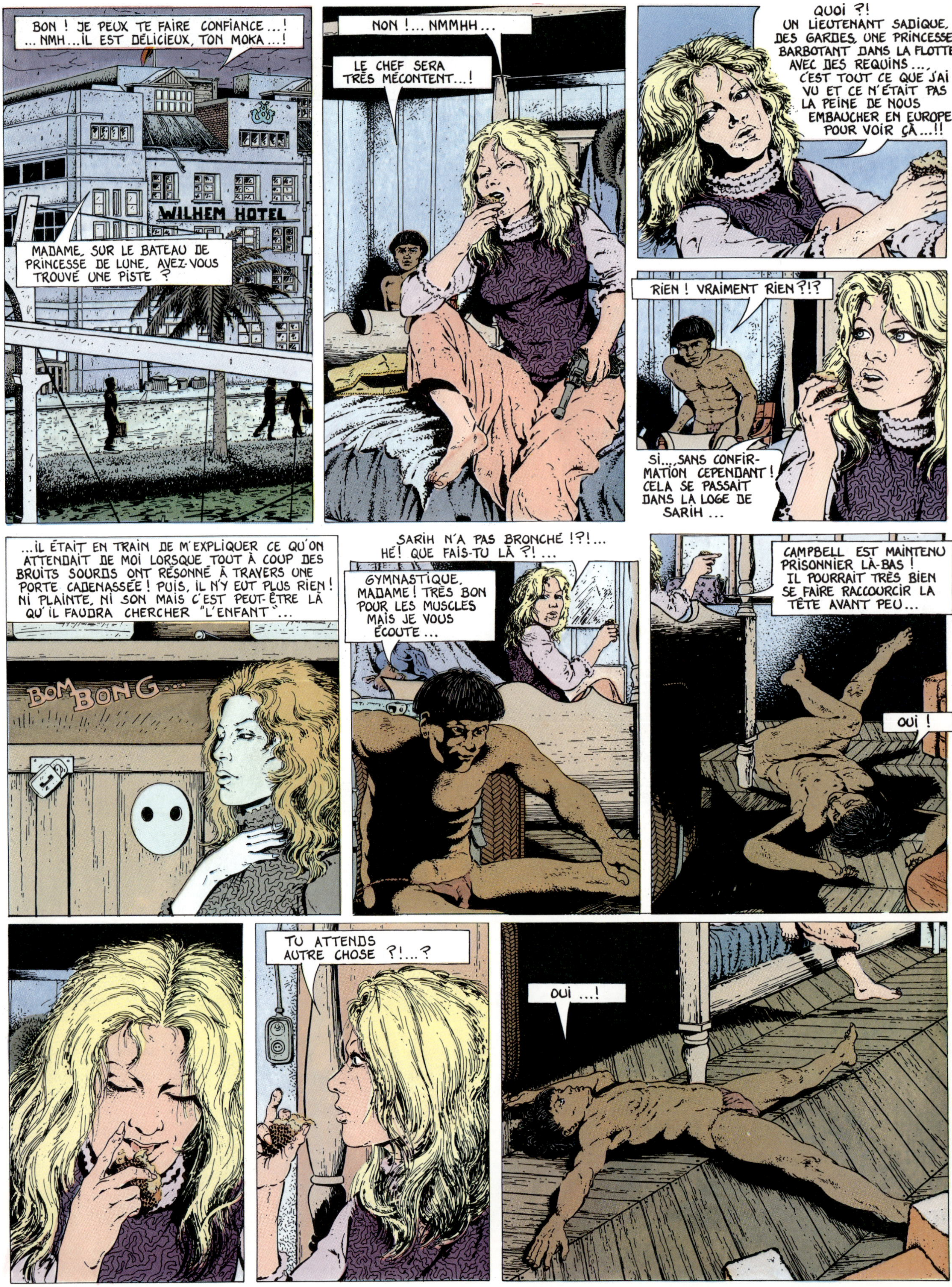
BON ! JE PEUX TE FAIRE CONFIANCE...! ...NMH...IL EST DÉLICIEUX, TON MOKA...!
WILHEM HOTEL
MADAME, SUR LE BATEAU DE PRINCESSE DE LUNE, AVEZ-VOUS TROUVÉ UNE PISTE ?
NON !... NMMHH...
LE CHEF SERA TRÈS MÉCONTENT...!
QUOI ?! UN LIEUTENANT SADIQUE, DES GARDES, UNE PRINCESSE BARBOTANT DANS LA FLOTTE AVEC DES REQUINS..., C'EST TOUT CE QUE J'AI VU ET CE N'ÉTAIT PAS LA PEINE DE NOUS EMBAUCHER EN EUROPE POUR VOIR ÇA...!!
RIEN ! VRAIMENT RIEN ?!?
SI..., SANS CONFIRMATION CEPENDANT ! CELA SE PASSAIT DANS LA LOGE DE SARIH...
...IL ÉTAIT EN TRAIN DE M'EXPLIQUER CE QU'ON ATTENDAIT DE MOI LORSQUE TOUT À COUP DES BRUITS SOURDS ONT RÉSONNÉ À TRAVERS UNE PORTE CADENASSÉE ! PUIS, IL N'Y EUT PLUS RIEN ! NI PLAINTE, NI SON MAIS C'EST PEUT-ÊTRE LÀ QU'IL FAUDRA CHERCHER "L'ENFANT"...
BOM BONG...
SARIH N'A PAS BRONCHÉ !?!... HÉ! QUE FAIS-TU LÀ ?! ...
GYMNASTIQUE, MADAME ! TRÈS BON POUR LES MUSCLES MAIS JE VOUS ÉCOUTE...
CAMPBELL EST MAINTENU PRISONNIER LÀ-BAS ! IL POURRAIT TRÈS BIEN SE FAIRE RACCOURCIR LA TÊTE AVANT PEU...
OUI !
TU ATTENDS AUTRE CHOSE ?!...?
OUI ...!

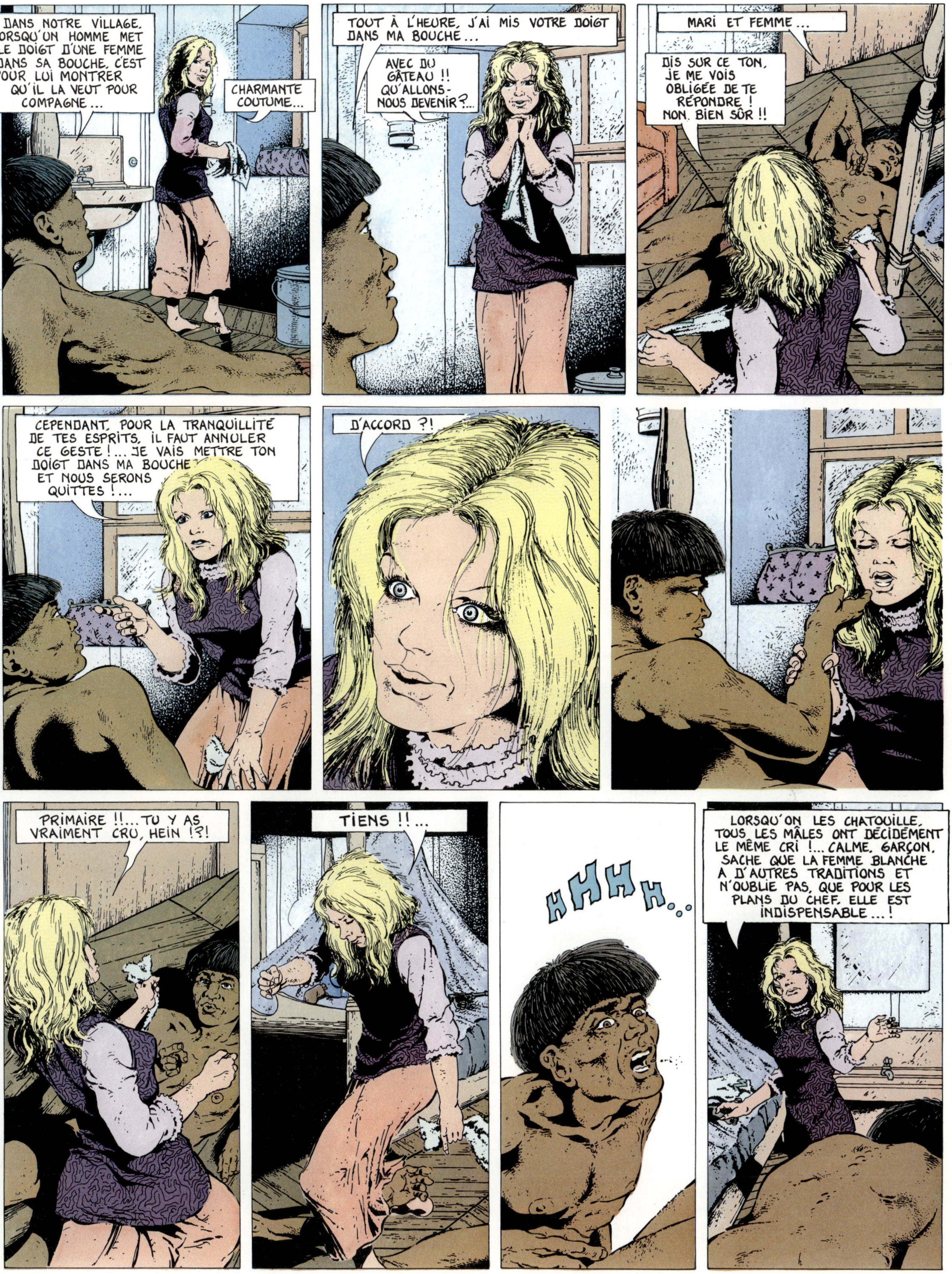
DANS NOTRE VILLAGE, LORSQU'ON HOMME MET LE DOIGT D'UNE FEMME DANS SA BOUCHE, C'EST POUR LUI MONTRER QU'IL LA VEUT POUR COMPAGNE...
CHARMANTE COUTUME...
TOUT À L'HEURE, J'AI MIS VOTRE DOIGT DANS MA BOUCHE...
AVEC DU GÂTEAU !! QU'ALLONS-NOUS DEVENIR ?...
MARI ET FEMME...
DIS SUR CE TON, JE ME VOIS OBLIGÉE DE TE RÉPONDRE ! NON, BIEN SÛR !!
CEPENDANT, POUR LA TRANQUILLITÉ DE TES ESPRITS, IL FAUT ANNULER CE GESTE !... JE VAIS METTRE TON DOIGT DANS MA BOUCHE ET NOUS SERONS QUITTES !...
D'ACCORD ?!
PRIMAIRE !!... TU Y AS VRAIMENT CRU, HEIN !?!
TIENS !!...
HHHH...
LORSQU'ON LES CHATOUILLE, TOUS LES MÂLES ONT DÉCIDÉMENT LE MÊME CRI !... CALME, GARÇON, SACHE QUE LA FEMME BLANCHE A D'AUTRES TRADITIONS ET N'OUBLIE PAS, QUE POUR LES PLANS DU CHEF, ELLE EST INDISPENSABLE... !

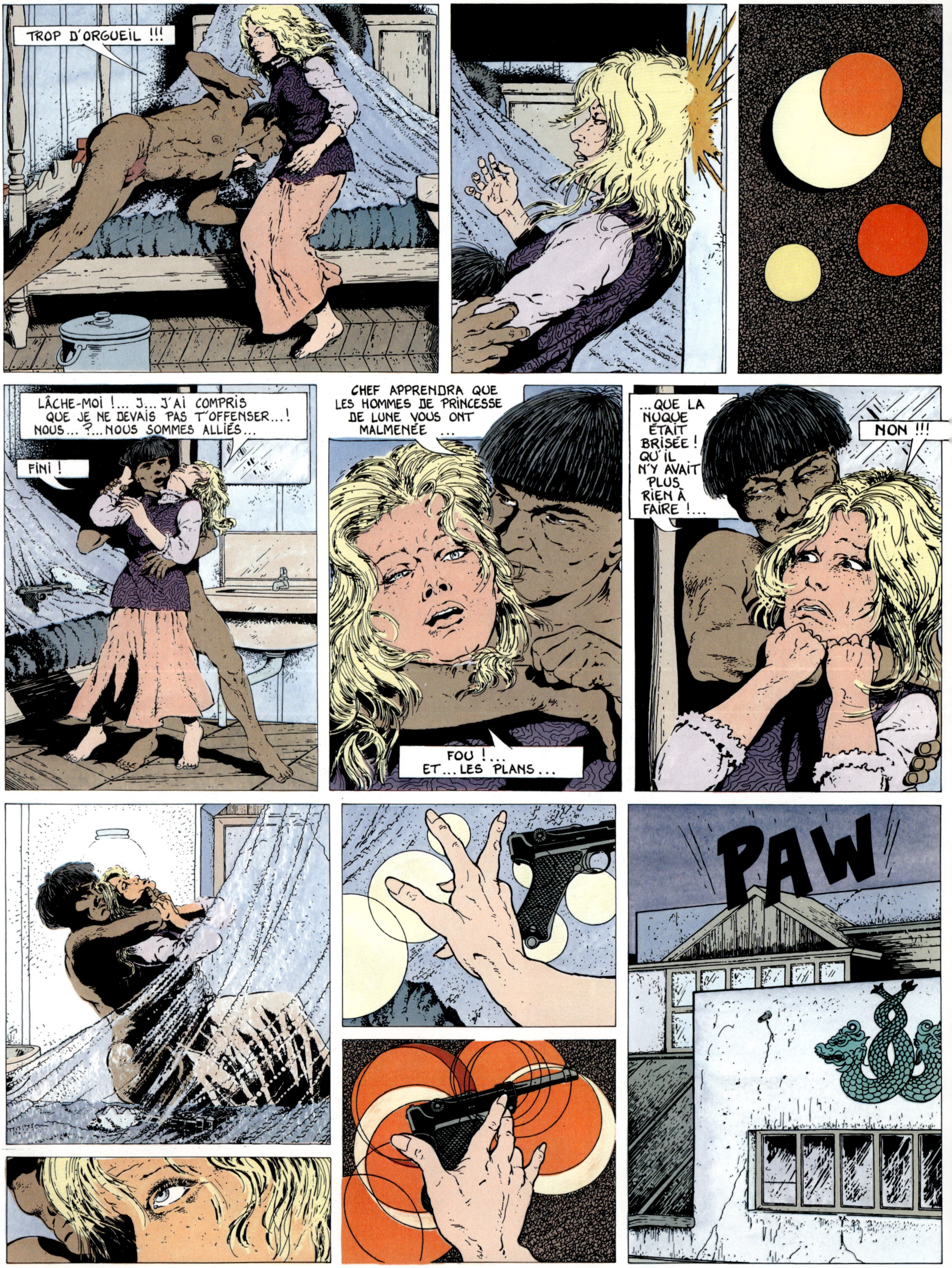

TROP D'ORGUEIL !!!
LÂCHE-MOI !... J... J'AI COMPRIS QUE JE NE DEVAIS PAS T'OFFENSER...! NOUS... ?...NOUS SOMMES ALLIÉS...
FINI !
CHEF APPRENDRA QUE LES HOMMES DE PRINCESSE DE LUNE VOUS ONT MALMENÉE ...
FOU !... ET... LES PLANS...
...QUE LA NUQUE ÉTAIT BRISÉE ! QU'IL N'Y AVAIT PLUS RIEN À FAIRE !...
NON !!!
PAW

PAW
?... LES COUPS DE FEU ! ILS VONT AMEUTER DES GENS !?!! PAS QUESTION... !
...DE TOUT EN HAUT ! SANS DOUTE LA BRUTE D'EUROPÉENNE QUI T'A AGRESSÉ TOUT À L'HEURE...
CETTE FOLLE !?! ... ELLE CASSE ...???!!!
OUI, MAIS N'INTERVENONS PAS !... APPELONS LA POLICE ...
WILHEM HOTEL
DLING
BLING...
MES VALISES ! ET PUIS MOI... SANS TOMBER, SI POSSIBLE...
NAN !... HÉ BEN !!... JE ME SOUVIENDRAI DE CETTE NUIT... !
...MAIS IL ÉTAIT IMPENSABLE DE TOMBER DANS LES PATTES DE LA POLICE AVEC CE NOUVEAU CADAVRE ... ! JE NE POURRAIS PAS DONNER D'EXPLICATIONS ET LE CHEF CROIRAIT QUE JE PASSE À L'AUTRE BORD ... ! KARINE, MA GRANDE, FUIS ... !!!...

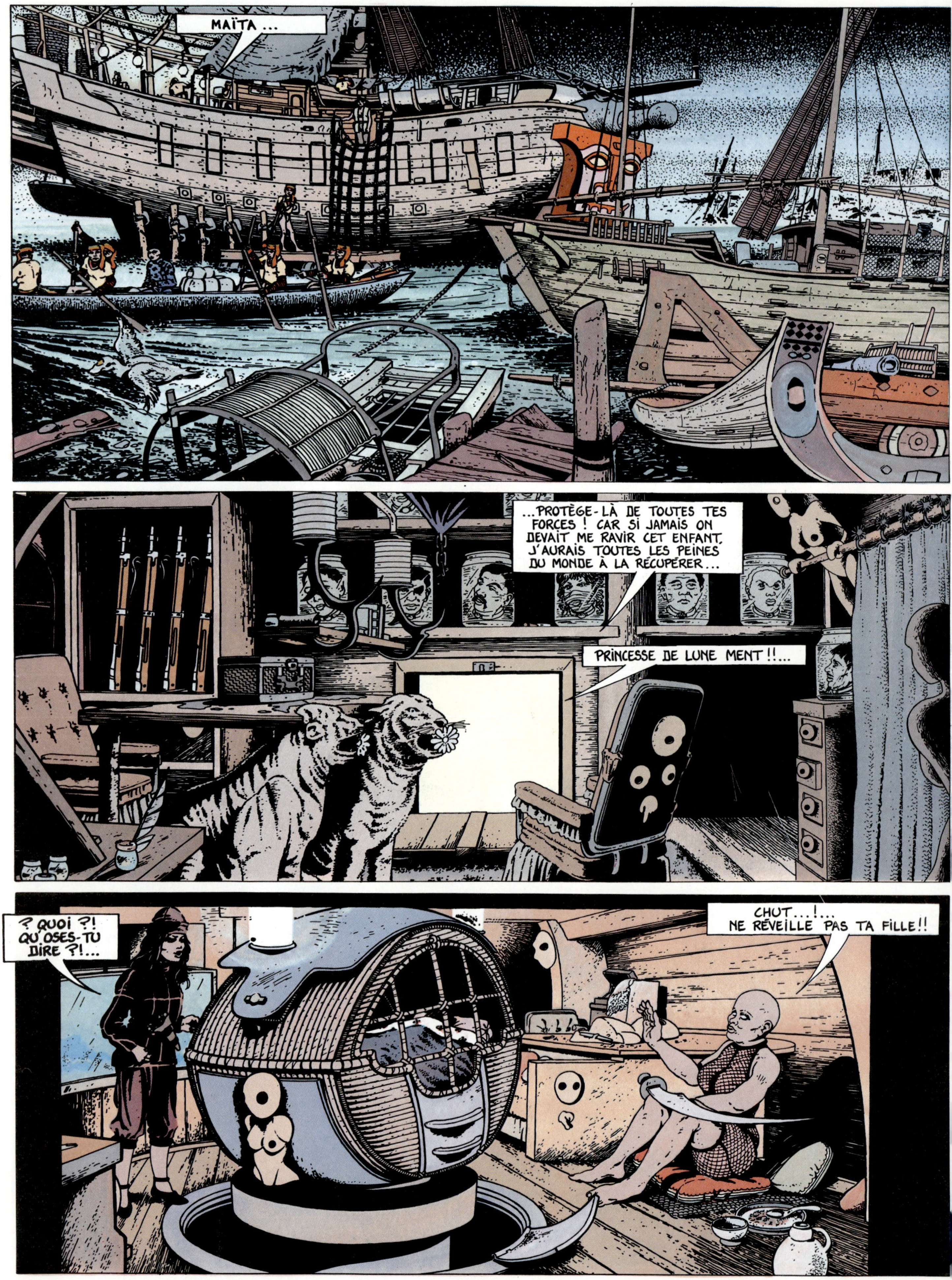
MAÏTA...
...PROTÈGE-LÀ DE TOUTES TES FORCES ! CAR SI JAMAIS ON DEVAIT ME RAVIR CET ENFANT, J'AURAIS TOUTES LES PEINES DU MONDE À LA RÉCUPÉRER...
PRINCESSE DE LUNE MENT !!...
? QUOI ?! QU'OSES-TU DIRE ?!...
CHUT...!... NE RÉVEILLE PAS TA FILLE !!

PRINCESSE DE LUNE MENT CAR ELLE N'OSE AVOUER SON BUT !... BUT QU'ELLE POURSUIT ENVERS ET CONTRE TOUS...
...ET PRINCESSE DE LUNE DONNERAIT VOLONTIERS SA FILLE CONTRE CET OBJECTIF...
C'EST FAUX !!... ET À MON TOUR DE T'INCITER AU SILENCE...
TEGE
DÈS LORS, POURQUOI PRINCESSE DE LUNE NOUS QUITTE-ELLE...?!
PARCE QU'IL LE FAUT ! LA SOLDE DE MES ÉQUIPAGES IMPOSE D'ÉTERNELLES CONQUÊTES....
OOOOO... MAÏTA A VU DANS SA TÊTE LA MORT DU SERPENT...! ELLE SAIT COMBIEN IL COMPTAIT POUR PRINCESSE DE LUNE...
TAIS-TOI...
MAÏTA A VU AUSSI CE COFFRE QUI BRILLE DE TROP ET QUI EXCITE LES SENS DE MA PRINCESSE... ET POUR CELA, ELLE FAIT TOUT...
NE T'EN VA PAS, DIVINE PRINCESSE...¡?!!...OOOOOO...
?
MAMAN...!!
MAMAN !!
CLAC

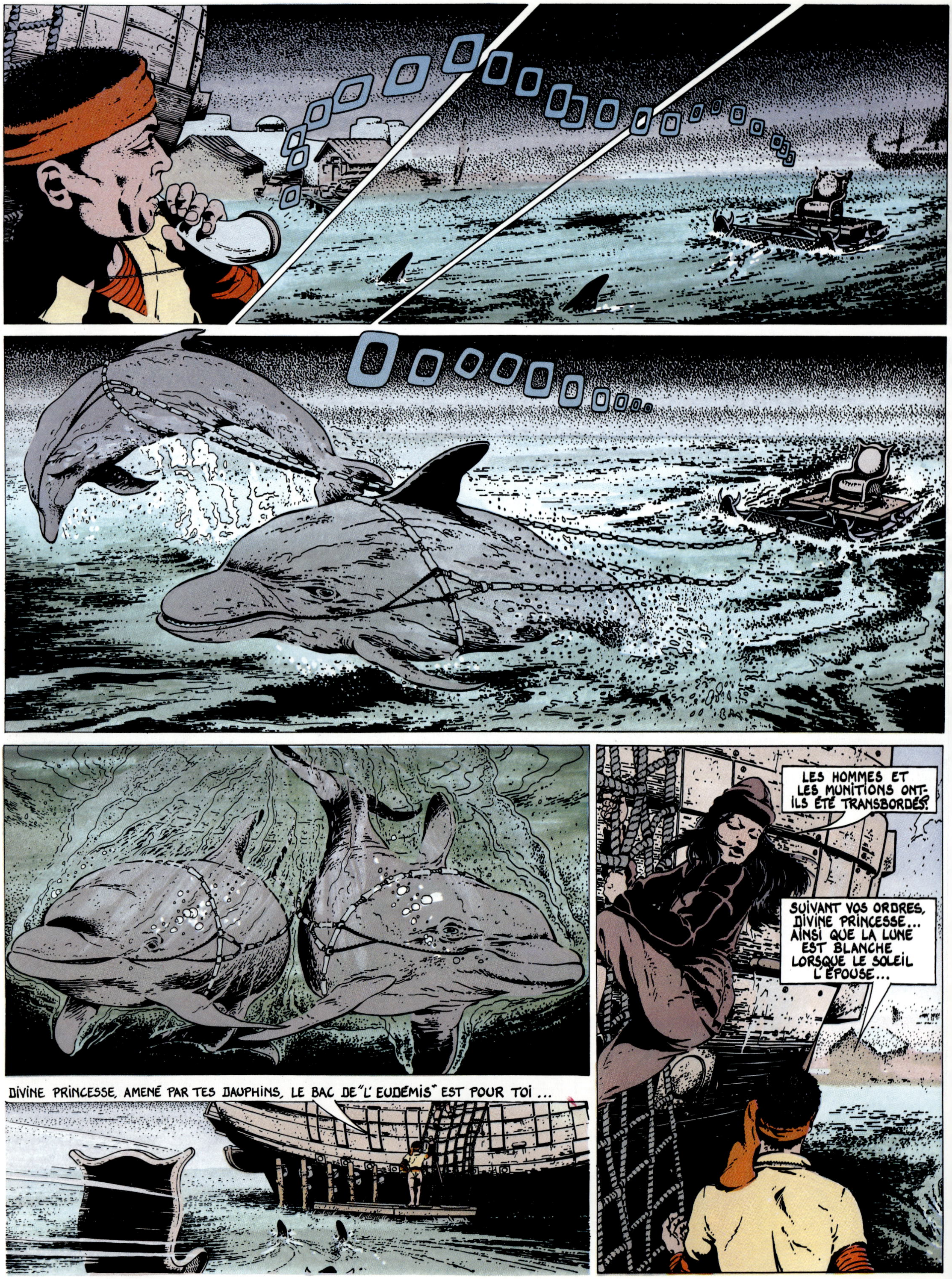
LES HOMMES ET LES MUNITIONS ONT-ILS ÉTÉ TRANSBORDÉS?
SUIVANT VOS ORDRES, DIVINE PRINCESSE... AINSI QUE LA LUNE EST BLANCHE LORSQUE LE SOLEIL L'ÉPOUSE...
DIVINE PRINCESSE, AMENÉ PAR TES DAUPHINS, LE BAC DE "L'EUDÉMIS" EST POUR TOI ...

BON ! NE PERDONS PAS DE TEMPS...
L'EUDÉMIS !... ENFIN...!!
NOTRE PRINCESSE ARRIVE, SEIGNEUR...
PARFAIT...!... QUE LE TAMBOURINEUR SE TIENNE PRÊT...!!

SEIGNEUR DE LA SONDE, JE TE SALUE ... !
ET MOI, JE M'INCLINE DEVANT TA BEAUTÉ, PRINCESSE DE LUNE...
...L'EUDÉMIS EST À TES ORDRES.
PARTONS !
BOM
BONG
BOM
BONG
BOM
RUOMMMMRUOM
RHEU
RHEU
ROOM BUM BONG ROOM
BOM
BONG
RUOM
RUOM
RUOM

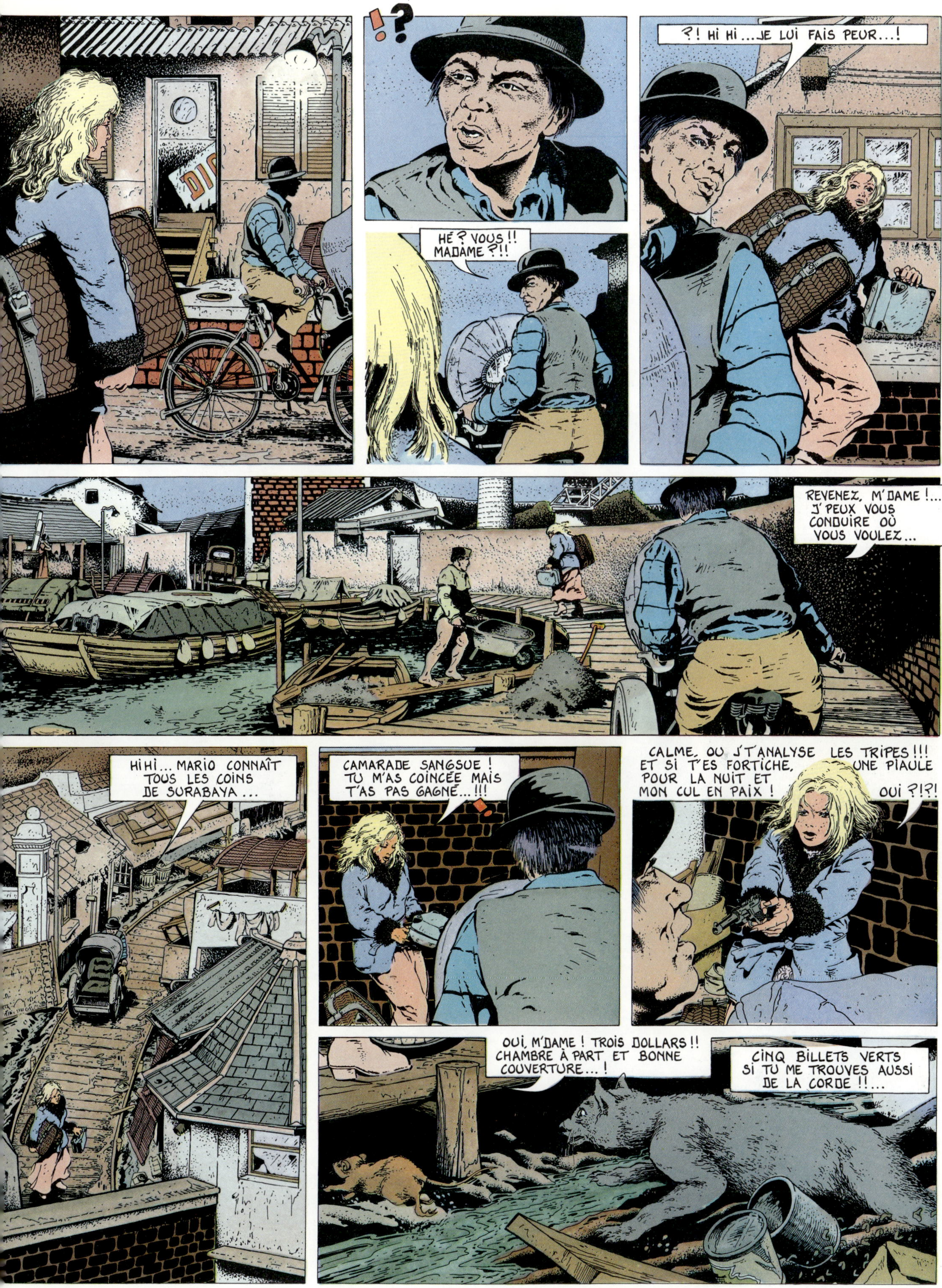

!?
?! HI HI ... JE LUI FAIS PEUR ...!
HÉ ? VOUS !! MADAME ?!!
REVENEZ, M'DAME !... J'PEUX VOUS CONDUIRE OÙ VOUS VOULEZ ...
HIHI ... MARIO CONNAÎT TOUS LES COINS DE SURABAYA ...
CAMARADE SANGSUE ! TU M'AS COINCÉE MAIS T'AS PAS GAGNÉ ...!!!
CALME, OU J'T'ANALYSE LES TRIPES !!! ET SI T'ES FORTICHE, UNE PIAULE POUR LA NUIT ET MON CUL EN PAIX ! OUI ?!?!
OUI, M'DAME ! TROIS DOLLARS !! CHAMBRE À PART ET BONNE COUVERTURE ...!
CINQ BILLETS VERTS SI TU ME TROUVES AUSSI DE LA CORDE !! ...

MAIS LA NUIT S'ACHÈVE, MADAME ?! ...
ON FERMERA LES RIDEAUX, S'IL Y EN A ...?... C'EST MARIO, TON PRÉNOM ?...!
OUI, ET VOUS VOUS EN FOUTEZ, N'EST-CE PAS ?...
ABSOLUMENT ...!!!
...COMME DE CE QUI SE PASSE DANS CET HÔTEL, N'EST-CE PAS ?!...
ALLONGE TES MOLLETS, MARIO, JE DOIS PISSER...
...CHEMINÉE DÉPLOYÉE...
...LEVÉE DES RAMES...
...ACTION !!!
...PARÉ POUR LES MACHINES EN AVANCE LENTE...

TOUM TOUM
TOUM TOM TOUM TOM
TOUM
TOM TOUM
... C'EST BON... PLUS FORT...!!
TOM TOUM TOUM TOUM
PRINCESSE !... LA BRUME SE DISSIPE ET NOUS DÉVOILE DU MONDE... !
TOUM
DES PÊCHEURS EN PLEIN SUR NOTRE CAP ! TROP TARD POUR SONGER À LES ÉVITER...
GÊNANT ! NOTRE DÉPART RISQUE D'ÊTRE SIGNALÉ À SURABAYA D'ICI PEU ET SARIH N'A QUE SIX HOMMES POUR PROTÉGER MA FILLE...
CES BOUGRES SONT FIDÈLES À VOTRE ACTION POLITIQUE, PRINCESSE...! POURQUOI NOUS TRAHIRAIENT-ILS ?!!!...
POUR UNE BOURSE ET QUELQUES PIÈCES D'OR CHANTANTES, SEIGNEUR DE LA SONDE, LES BONNES CAUSES SE REJETTENT COMME LES HUÎTRES SANS PERLE...

NON, MA DIVINE..., VOUS MINIMISEZ VOTRE PRESTIGE AUPRÈS DE CES GENS...!?!...
MAÏTA, FIDÈLE PARMI LES FIDÈLES, ME REPROCHAIT CE DÉPART... SERAIT-CE UN NOUVEAU SIGNE ?...
NOUS POUVONS RENTRER SI VOUS L'ORDONNEZ...?!
ET ME COUVRIR DE LÂCHETÉ ! TU AURAIS LE DROIT DE ME FUSTIGER S'IL EN ÉTAIT AINSI...!! NON ! JOUONS D'AUDACE !! LA MAGIE DE MAÏTA SERA MOINS FORTE QUE MA DÉTERMINATION...!
ALORS, MACHINE EN AVANT TOUTE...?!?
OUI !... OUI...
L'AUDACE DE PRINCESSE DE LUNE PAIERA-T-ELLE ? QUE FONT DONC CES EUROPÉENS À SURABAYA ? LA SUITE DE CE RÉCIT DANS "LE COFFRE DE BOX-CALF"...
Michel Schetter 30.3.82